学汉语分级读物

⑪

Qíguó Hé Yānguó De Gùshi
齐国和燕国的故事

第 3 级

历史故事

陈贤纯 编著

北京语言大学出版社
BEIJING LANGUAGE AND CULTURE
UNIVERSITY PRESS

© 2019 北京语言大学出版社，社图号 18114

图书在版编目（CIP）数据

齐国和燕国的故事 / 陈贤纯编著 . — 北京：北京语言大学出版社，2019.1
（学汉语分级读物 . 第 3 级：历史故事）
ISBN 978-7-5619-5270-2

Ⅰ. ①齐⋯ Ⅱ. ①陈⋯ Ⅲ. ①汉语-对外汉语教学-语言读物 Ⅳ. ① H195.5

中国版本图书馆 CIP 数据核字（2018）第 257532 号

齐国和燕国的故事
QIGUO HE YANGUO DE GUSHI

责任编辑：郭　冰	**封面制作**：西吉文化
插图绘制：北京冰河插画工作室　西吉文化	
排版制作：北京创艺涵文化发展有限公司	
责任印制：周　燚	

出版发行：北京语言大学出版社
社　　址：北京市海淀区学院路 15 号，100083
网　　址：www.blcup.com
电子信箱：service@blcup.com
电　　话：编辑部　　8610-82303647/3592/3395
　　　　　　国内发行　　8610-82303650/3591/3648
　　　　　　海外发行　　8610-82303365/3080/3668
　　　　　　北语书店　　8610-82303653
　　　　　　网购咨询　　8610-82303908
印　　刷：北京建宏印刷有限公司

版　　次：2019 年 1 月第 1 版
印　　次：2019 年 1 月第 1 次印刷
开　　本：880 毫米 ×1230 毫米　1/32　　**印　张**：3.125
字　　数：50 千字　　　　　　　　　　　　**定　价**：29.00 元

PRINTED IN CHINA

编写说明

这是什么书？

这是为学汉语的人写的课外读物，有民间故事、文学故事、历史故事3个部分，一共有50本。

谁读这些书呢？

第一，学汉语的外国人。第二，生活在海外的华人子女。第三，中国国内学汉语的少数民族学生，甚至包括中国的小学生。

这些书有意思吗？难不难？

1. 这些书讲的故事很有意思，有很多中国文化的内容。你们在学习汉语的同时，也能了解中国文化。

2. 故事很容易懂。

我们把这些书分为3个等级：

级别	内容	册数	汉字量
第1级	民间故事	10本	500字
第2级	文学故事	20本	800字
第3级	历史故事	20本	1200字

第1级是最容易的，10本书都是中国的民间故事。只要认识500个最常用的字，不用查词典，就能轻松读懂这10本书。

第2级有20本书，都是中国古代最有名的小说里的故事，认识800个汉字的人可以读懂。小说本来是很难的，可是我们讲得很简单，很容易懂。

第 3 级也有 20 本，认识 1200 个汉字的人可以读懂。这里讲的历史故事发生在 2000 多年前的中国。为什么给你们看过去的故事？因为文化是从过去来的，看看 2000 多年前的故事，才能真正知道中国人现在为什么这样想，为什么这样做。

每一本书都只有很少的字比较难，这些字有拼音，有插图，有说明，可以帮助你们读懂。

3. 每一本书都只有 2～3 万字，很快就可以读完一本，阅读会成为一件轻松、快乐的事。

4. 这套书一共有 50 本，很多，内容很丰富。读完这 50 本书，你们不但能了解中国文化，而且再也不会觉得中文难读懂了。

怎么样？快打开书，读一读这些有意思的故事吧！

关于历史故事

跟民间故事和文学故事不同,历史故事是真实的历史,是以前发生过的事。

这20本历史故事,选自公元前770年到公元前202年的历史。以《左传》《史记》《国语》《战国策》等历史记载为根据,只在细节上有一些连接和想象。

中国的历史很长,故事很多,为什么只选这一段时间?

这一段时间,正是春秋战国到秦朝末年。这是一个乱世,乱世故事多。

这一段时间,也是中华民族文化大发展的时候。

中国文化的很多思想来自这个时期,很多故事来自这个时期,很多成语来自这个时期。

这个时期是中华文化的源头。

要了解中国,必须了解中国文化。

要了解中国文化,就不能不了解春秋战国时期的历史。

历史故事每一本书都有一个编号,编号是根据时间的先后决定的,年代更远的在前面,年代较近的在后面。读者可以根据编号的先后阅读。

故事简介

齐国的国君越来越坏，不得人心，而姓田的家族越来越强大。结果姜姓的国君被赶走，姓田的当了齐国的国君。

齐威王比较重视引进人才，所以齐国变得强大。齐宣王趁燕国内乱，攻打燕国，到处烧房子，杀人，抢东西，引起燕国人民的仇恨。燕昭王下决心报仇。他广招人才，使燕国强大起来。

20多年以后，燕国以乐毅为大将，联合其他各国，去攻打齐国，几乎把齐国灭掉。但后来燕惠王用骑劫换下乐毅，结果齐国人在田单的带领下，打败燕国，复国成功。

目　录

- 田氏代齐 / 1
- 齐威王和齐宣王 / 11
- 燕国动乱 / 21
- 燕王招贤 / 29
- 齐闵王 / 35
- 孟尝君 / 43
- 上将乐毅 / 51
- 燕昭王之死 / 59
- 乐毅赴赵 / 67
- 火牛阵 / 73
- 生词表 / 83
- 附录：第三级 1200 字表 / 85

田氏代齐

齐国和燕国的故事

齐国的第一个国君(jūn)姓姜(jiāng),名尚(shàng),字子牙。后人通常称他为"姜子牙"或者"姜太公"。姜子牙生活的时代,正是商朝末年,离现在有3000多年了。姜子牙是中国历史上的一位传奇人物。

商朝最后一个王,商纣(zhòu)王,是一个很坏的人。他当王当得很糟糕,老百姓的生活很苦。姜子牙虽然非常有学识,非常有能力,可是一直没有得到重用。他的日子一直过得很苦,很穷。

据说,72岁那年,他坐在河边钓鱼。

别人钓鱼,鱼钩(gōu)是弯的,上面有鱼爱吃的东西,也就是鱼饵(ěr)。他的鱼钩是直的,上面没有鱼饵,而且他的鱼钩也不沉到水里,离水面三尺。

鱼钩和鱼饵

他一边高高地举着钓鱼竿(gān),一边自言自语地说:"鱼儿,鱼儿,愿者上钩。"

我们现在有一个成语叫作"姜太公钓鱼,愿者上钩",就是这么来的。

当然,他不可能钓上鱼来。可是他仍然一天又一天地坐在那里钓鱼。

田氏　Tián shì　姓田的。
末年　mònián　(历史上一个朝代)最后的那些年。
糟糕　zāogāo　(事情)坏得很。

田氏代齐

有一个人经过那里,见他这样钓鱼,觉得很好笑,就对他说:"老先生,像您这样钓鱼,100年也钓不到鱼的!"

姜子牙举了举钓鱼竿,说:"跟你说实话吧,我钓的可不是鱼,我要钓的是王侯(hóu)!"

王侯是什么?是当时国家的领导人。

这老头儿好大的口气!一个普通人想当王侯?当然不可能有人理解他。

"这人有病,脑子不正常!"那人笑着走了。

实际上,姜子牙坐在那里,不是为了钓鱼,而是为了等人。他在等一个重要的人到来。

这个人真的来了。他就是周西伯(bó),也就是后来人们说的周文王。

周,在当时是商朝西部的一个部落,在现在的甘(gān)肃(sù)、陕(shǎn)西一带,地方偏僻。而商朝的主要部分在中原,就是现在的河南一带。

周部落当时已经渐渐强大。因为商纣王非常坏,不得人心,所以周西伯正准备替天行道,带着军队去攻打商纣王。这时候正需要人才。

有一天,周西伯要出去打猎,请人占卜,想知道

偏僻　piānpì　很远,交通不方便。
打猎　dǎ liè　到野外去打野猪、野鸡等。
占卜　zhānbǔ　事先算一算结果是好还是坏。

齐国和燕国的故事

田氏代齐

能不能打到猎物。那时候的人很相信占卜，所以做什么事都要先占卜。

占卜的结果说："得到的既不是龙（lóng），也不是虎，而是一个能帮助您成就大业的人。"

周西伯大喜，这比打到任何猎物都重要得多。于是他带着人高高兴兴地出去了。

走着走着，周西伯在河边遇到了正在钓鱼的姜子牙。

两个人交谈起来。周西伯发现这个姜子牙有非常了不起的才能，是一个能帮助自己得到天下的人。他知道了，自己要找的人才就是他！

遇到姜子牙，周西伯心中大喜。他对姜子牙说道："我先君太公预言'会有圣人到周来，周会得以兴盛'。您就是这位圣人吧？我太公望子久矣（yǐ）！"

"子"是"你"的意思，"太公"就是祖父的父亲，也就是曾祖父。

周西伯的意思是说："我的先人太公曾经预言说，以后会有圣人来周，周因此会强大起来。您就是这位圣人吧，我的先人太公等您等了很久了。"

因此，姜子牙后来被尊称为"太公望"或者"姜太公"。

圣人　shèngrén　品格好、非常了不起的人。
兴盛　xīngshèng　发展得很好，强大起来了。

齐国和燕国的故事

于是周西伯把姜子牙带了回去,当作老师。可惜还没有等到去攻打商纣王,周西伯就死了。后来,他的儿子周武王继承了他的事业。姜子牙带领大军,帮助周武王推翻商朝,建立了周朝。

建立周朝以后,因为姜子牙的功劳最大,周武王把姜太公封在齐,让他为周朝管理齐这个地方。姜子牙钓鱼的时候说,他要钓的是王侯,现在他真的是王侯了。

齐在现在的山东省,当时的齐,地方不大。

姜太公用了3年时间就治理好了齐国,接着南征北战扩大地方,占领了整个山东半岛,使齐国成为了一个大国。据说,姜子牙活了100多岁。

300多年以后,齐国出了齐桓(huán)公和管仲(zhòng),他们使齐国更加强大。(见本丛书《管仲和齐国的故事》)

管仲和齐桓公死后,齐国就不行了,情况很糟糕。又过了100多年,齐国出现了一个人才叫晏(yàn)子。晏子当官当了50多年,后来当上了最大的官——丞(chéng)相。虽然当时国君不好,但是晏子却为老百姓做了很多事。(见本丛书《晏子和齐国的故事》)

再往后的100多年,齐国的国君更加一代不如一代。齐国的大权渐渐地落入大臣(chén)田氏的手中。

权　quán　能决定大事的力量。

田氏代齐

田氏不断发展自己的势力，而齐国国君的力量却越来越小。

田氏本来是陈（chén）国国君的后代。齐桓公时，陈国内乱，陈国公子陈完，逃到了齐国。因为公子陈完的名声很好，齐桓公要让他在齐国当大官。可是，陈完坚决不干，他说自己是逃难的人，有口饭吃就很感激了。

不过，齐桓公还是让他当了官，并且把田这个地方封给了他。于是他就放弃陈姓，改姓田了。

田氏是外来户，知道要在齐国生活下去很不容易，应该小心做人。所以他们在齐国做事一直很低调，不参加各种力量之间的斗争，并且尽力地对老百姓好。

经过一代又一代，他们慢慢地站住了脚，势力越来越强了。

到晏子当丞相的时候，田氏的势力已经可以跟齐国最强的家族相对抗了。

姜姓第25代国君齐景公喜欢享（xiǎng）受，每年都要花很多钱。到了晚年，他更加喜欢建造漂亮的宫室，养狗养马。他向人民收取很重的税。齐国仓库中的粮食都放坏了，生了虫子。可是普通老百姓却没有饭吃，生活不下去，路上常常可以看到饿死的人。遇

税　shuì　国家按照法律从老百姓那里收上来的钱。
仓库　cāngkù　放东西的大房子。

到灾情,他也不去救济。如果老百姓表示不满,他就派军队去打压,很多人还因此被砍掉脚。

这样的国君当然已经失去了民心。

这时候,田氏看到了机会。为了争取民心,他们给老百姓很多好处。他们用大斗把粮食借给老百姓。老百姓还粮食的时候,他们用小斗收回。因此,田氏得到了齐国老百姓的拥护和爱戴。齐国人唱歌说:"老太太采芑(qǐ)菜呀,送给田成子!"

几十年间,齐国民心离开了姜氏,像流水一样到了田氏门下,田氏取得了人民的拥护,家族势力更加强大。

有一天,晏子陪齐景公坐在外边,齐景公看着自己那漂亮的宫室,说:"多么漂亮的房子啊!我死后谁会住在这里呢?"

晏子说:"假如像您所说的那样,那恐怕是田氏了。田氏虽然没有大的德行,但是他们对老百姓好。您从老百姓那里拿走的多,而田氏给老百姓的多,所以民心都向着他了。您的后代如果稍不注意,那么齐国就要成为田氏的齐国了。"

景公听了,问道:"对呀,这事可怎么办?"

晏子答道:"只有礼可以不让这样的事情发生。您

拥护　yōnghù　对领导人等表示赞成并全力支持。

田氏代齐

的做法如果合礼,田家就没什么办法了。"

景公说:"你说得对,但是我已经做不到了。"他觉得自己老了,已经无能为力了。

果然,田氏的力量越来越大,在以后的100多年时间里,他们不断消灭反对势力,独掌齐国的大权。

公元前404年齐康公即位,田完的第11代子孙(sūn)田和为丞相。

齐康公整天喝酒,玩女人,根本不管国家大事。公元前391年,他被田和赶到一个海岛上,姜姓的齐国走到了尽头。

田和自己当了国君。虽然齐国的国名没有变,可是国君已经换成姓田的了。这就是历史上说的"田氏代齐"。

公元前386年,经过周天子准许,田和正式成为齐侯。

齐威王和齐宣王

齐国和燕国的故事

公元前334年,田氏的第4代国君称王,后来被称为齐威(wēi)王。

齐威王刚当国君时,也是每天喝酒,玩女人,不管国家大事。他身边有很多很坏的官,他们接受贿赂,做坏事,齐国眼看着越来越糟糕了。

这时候韩(hán)、魏(wèi)、赵(zhào)等邻国趁机攻打齐国,齐国处在危险之中。虽然正直的大臣想劝齐威王不要这样,可是没有人敢批评他。

有一个大臣叫淳(chún)于髡(kūn),他虽然出身低下,身材矮小,长得很难看,但是他很有办法。他知道齐威王不喜欢大臣直接批评他,就说:"有一只大鸟,落在大王的院子里,已经3年了,不飞也不叫,大王您知道是怎么回事吗?"

齐威王知道这是在批评自己。他回答说:"这只鸟不飞则(zé)已,一飞冲天;不鸣(míng)则已,一鸣惊人。"意思是:"这只鸟,你别看它现在不飞,要是飞起来,它就飞得非常高;别看它现在不叫,要是叫起来,就让人吃惊。"

于是,齐威王决定改正,整治齐国。他向他身边的官员了解各地方官员的情况。身边的人都说阿大夫

贿赂　huìlù　用钱买通别人。
批评　pīpíng　指出别人的缺点和错误。

齐威王和齐宣王

是最好的,即墨(mò)大夫是最坏的。

他又派人到各地去了解情况,结果跟身边人说的完全不一样。

在即墨地区,地里的庄稼长得很好,老百姓日子过得不错,那个地方很平安。而阿那个地方,地里的庄稼长得不好,老百姓生活很苦。出了事,地方官都不知道,就算知道了,他们也不管。

为什么身边的人会把好的说成坏的,把坏的说成好的?

原来即墨大夫为人正直,一心为老百姓办事,但是对上面派下来的官员却比较冷淡,所以大官们都说即墨大夫不好。

而阿大夫虽然不为老百姓办事,把阿那个地方管得很糟糕,但是他对上面派下来的官员很热情,用很多钱贿赂他们,请他们在国君面前说好话。

齐威王知道这种情况以后,就把各地的官员都叫到都城来开会,表扬即墨大夫,并且给他很高的奖励。他让士兵把阿大夫当场处死。齐威王身边那些受了贿赂、不说实话的大臣,也都被处死了。

这一下齐国上下都害怕了。从此以后,官员们都尽职尽责,没有人敢做坏事害老百姓了。

庄稼　zhuāngjia　多指地里长着的粮食。

齐国和燕国的故事

齐威王还起兵抵抗其他诸(zhū)侯国的进攻。

从此,齐国大治,一天天强大起来,其他诸侯国也不敢再来进攻了。

有一次,齐威王问淳于髡:"你喝多少酒才会喝醉?"

淳于髡说:"我喝一斗也醉,喝一石(dàn)也醉。"

"斗"是古代喝酒的大杯子。"石"比"斗"大,10斗等于一石。

齐威王很奇怪,问道:"你喝一斗就醉了,怎么还能喝一石呢?"

淳于髡说:"那要看在什么情况下喝。"

淳于髡介绍了自己在各种情况下会怎么喝酒以后,接着说:"酒极则乱,乐极则悲(bēi);万事皆(jiē)然。"意思是:"酒喝多了就会出乱子,快乐到极点就会发生坏事、悲伤的事。世界上的事情都是这样。"

齐威王觉得淳于髡说得很有道理,于是改掉了整夜喝酒的坏习惯,并且以后每一次宴会都要淳于髡坐在身边,让他提醒自己不要多喝酒。

人当然喜欢听好话,不喜欢人家提意见。但是,对一个国君来说,最宝贵的是人家说实话、提出批评意见。一个国君处在权力的最高位,一定会有很多人围着他说好话。这样他很容易受蒙蔽,因为不了解真实的情况而自以为是。

抵抗　dǐkàng　派军队去跟敌人打,不让敌人前进。
蒙蔽　méngbì　不告诉真相,使人上当。

齐威王和齐宣王

丞相邹（zōu）忌（jì）本来只是一个平民，但他会弹琴（qín）。齐威王请他弹琴，他就用弹琴来说治理国家的道理。

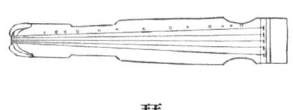

琴

齐威王很喜欢邹忌的治国才能。邹忌入宫3个月，齐威王就让他当了齐国的丞相。邹忌以法治国，使齐国社会安定，经济发展。

邹忌身材高大，长得很好看，是一个美男子。

有一天早晨，他穿好衣服，戴好帽子，看着镜子里自己的样子，对他的妻子说："我跟城北徐（xú）公相比，谁更美？"

他妻子说："当然您更美，徐公怎么能跟您比？"

城北的徐公是齐国有名的美男子。邹忌不相信自己比徐公美，又问他的妾（qiè），妾就是他的小老婆，说："我跟徐公相比，谁更美？"

妾说："徐公哪里比得上您呀！"

第二天，有客人从外面来拜访，邹忌跟他谈过话以后，问他："我跟徐公相比，谁更美？"

客人说："徐公比不上您。"

又过了一天，徐公来了。邹忌看着他，自认为不如徐公美；又对着镜子看自己的样子，更觉得远不如徐公美。

晚上睡觉时，他还在想这件事，心里说："我妻子

齐国和燕国的故事

齐威王和齐宣王

说我美,是因为偏爱我;妾说我美,是因为怕我;客人说我美,是因为有求于我。"

于是邹忌上朝见齐威王,说:"我确实知道自己不如徐公美。可是我的妻子偏爱我,我的妾怕我,我的客人有求于我,他们都认为我比徐公美。现在齐国的土地方圆千里,有120座城,宫里的王后、妃子和亲信,没有谁不爱大王的。满朝的大臣,没有谁不怕大王的。全国的人,没有谁不有求于大王的。这样看来,大王您很难听到真话,您所受的蒙蔽太严重了。"

齐威王说:"哎(āi)呀,你这么一说,还真是这么回事。"

于是齐威王发布命令说:"所有的官员和百姓,能够当面批评我过错的,得上等奖赏;写信劝告我的,得中等奖赏;能够在公共场所批评我,让我听到的,得下等奖赏。"

命令刚刚下达时,大臣们都来提批评意见,宫里进进出出的人多得好像集市一样。几个月以后,人就少多了。一年以后,即使有人想进言,也没有什么可说的了。

齐威王因此也了解了很多真实的情况,解决了齐国的很多问题。

妃子　fēizi　国君或皇帝的小老婆。
奖赏　jiǎngshǎng　给做得好的人钱或财物。

齐国和燕国的故事

燕（yān）国、赵国、韩国和魏国听到这种情况，都来朝见齐威王。这就是人们所说的，只要自己把国家治理得很好，上下团结，不需要用兵就能战胜别国。

齐威王很重视有才能的人，把他们视为齐国之宝。让他们当官，发挥他们的才能。因此很多人才来到齐国。

当时魏国很强大，不断派兵攻打其他诸侯国。

魏军攻打赵国的都城邯（hán）郸（dān），赵王请求齐国救援。齐威王派田忌（jì）为将，孙膑（bìn）为军师，出兵救赵，把魏军打得大败。

魏军攻打韩国，齐威王又派田忌、田婴（yīng）为将，孙膑为军师，出兵救韩，又打败了强大的魏国，杀死魏国大将庞（páng）涓（juān）。（见本丛书《孙膑的故事》）

经过这次打击，魏国开始衰落，齐国又开始强大。到齐威王末年，齐国成了当时最强的诸侯国。

齐威王死后，他的儿子即位，就是齐宣（xuān）王。

齐宣王的时候，齐国仍然很强大。

齐宣王喜欢文学之士。他花很多钱，请天下各派文人、学士，到齐国的稷（jì）下学宫来。

当时稷下学宫聚（jù）集了很多人才，人数多达几

衰落　shuāiluò　由强大慢慢变得弱小。

千人。其中学识出众的淳于髡等76人被齐宣王任命为上大夫。

稷下学宫集中了当时的各个学派,有儒(rú)、墨、道、法、兵、阴阳、农、杂等各家,各学派在这里讲学,写书,说明自己的主张。这就是后人所说的"百家争鸣"。

百家争鸣 bǎijiā-zhēngmíng 春秋战国时代,不同的意见和主张都可以说出来,自由讨论。

燕国动乱

齐国和燕国的故事

燕国在齐国的北边,就是现在北京、河北的北部及东部一带。燕国的北边,是以放马放羊为生的民族——山戎(róng)。

公元前663年,山戎攻打燕国,燕国几乎灭亡(wáng)。当时齐桓公和管仲亲自带着大军去救燕国。灭掉了山戎,同时把令支、无终等国也灭掉了。齐桓公把这些地方交给了燕国。燕国的领土扩大了500里,人口增加了10万,国力渐渐强大起来,从此成为北方的强国。(见本丛书《管仲和齐国的故事》)

虽然战国时期燕国是七个大国之一,但是在七国之中燕国的人口最少,实力最弱。

公元前323年,燕国国君跟韩、魏、赵等诸侯国一起称王,他就是燕易王。两年后,燕易王死了,他的儿子哙(kuài)继位。

燕王哙喜欢享乐,不愿意管理国事,把国家大事全都交给丞相子之。

子之不但野心很大,而且品德也很差。在燕易王时,他就已经当了丞相,掌握着燕国的大权。燕王哙上台以后,子之一直就想废(fèi)掉燕王哙,自立为王。

燕国的大臣中有一些人跟子之关系很好,结成一

享乐　xiǎnglè　追求自己快乐,生活上得到满足。

燕国动乱

党（dǎng）。这些人鼓动燕王哙把王位让给子之。

他们跟燕王哙说："尧（yáo）和舜（shùn）都是贤人，为什么他们是贤人呢？"

尧和舜是中国远古传说中最好的领导人，离燕王哙那个时代也已经有2000多年了。尧和舜老了以后，并没有把权力传给自己的儿子，而是把权力让给了能为人民做事的人。

"为什么？"燕王哙问道。

"因为尧把天下让给了舜，而舜把天下让给了禹（yǔ）。"

"这我知道，我也正打算把王位让给子之呢。"燕王哙说。因为他也想做贤人。

"禹也想把天下让给伯益（yì），可是没有成功。他死以后，他的儿子启（qǐ）夺取了天下。您知道这是为什么吗？"

"为什么？"

"虽然禹想把天下让给伯益，可是他手下的大臣全都是启的亲信。所以最后启夺得了天下。"

燕王哙一听，说："原来是这样。不过，这好办。"

于是他下命令，把所有的高官全部免职，再由子之重新任命。最终，燕王哙把自己的王位让给了子之。

贤人 xiánrén 有才能、品德好的人。
免职 miǎn zhí 不让人当官。

齐国和燕国的故事

当年尧把天下让给舜，是因为尧自己老了，而舜是一个能为老百姓做事的人。现在燕王哙把王位让给子之，但是子之并不是一个能为老百姓做事的人。

这次让位很糟糕，子之当国3年，把燕国搞得很乱，百姓不满。太子平和将军市被组织军队攻打子之。很多老百姓也跟着反对子之。

双方打了起来，燕国大乱。

最后子之打胜了，太子平和市被死了。燕国这次内乱长达好几个月，死伤了数万人，人人害怕，百姓离心。

燕国内乱，燕国的邻国有的很高兴，有的很着急。

高兴的是中山国，他们趁机攻打燕国，占领燕国几百里土地，几十座城。

着急的是赵国，他们一直想消灭中山国，不愿意看到中山国强大。

燕国南边的齐国是反对子之、支持太子平的。

看到燕国乱了，孟（mèng）子对齐宣王说："应该赶紧派军队去燕国，这就跟周文王、周武王推翻商朝的时机是一样的。这样的好机会不能错过呀。"

孟子的意思是：商朝末年，商纣王很坏，老百姓都痛恨他。周文王和周武王替天行道，起兵推翻商朝，建立了周朝。这是正义之举。孟子认为，齐国这一次如果出兵攻打燕国，也是正义之举。

燕国动乱

于是齐宣王派出军队攻打燕国。

由于燕国人民痛恨子之,以为齐国的军队是仁义之师,所以大家都表示欢迎,一路上燕军没有抵抗。齐军来了,他们反而打开城门。

齐军没打什么仗(zhàng)就占领了燕国的都城。子之虽然进行抵抗,可是打不过齐国人,最后他被杀死了。那个让位给子之的燕王啥也死了。

可是,齐国的军队并不是什么仁义之师,齐宣王派出军队也不是来帮助燕国的,他们要消灭燕国。齐军开始在燕国的土地上烧房子,杀人,抢东西,燕国的老百姓遭(zāo)了大难。齐军烧毁(huǐ)了燕国国君的宗庙,把王宫里的财(cái)宝抢走,全都运回齐国去了。

燕国3000里土地被齐国和中山国占领,燕国几乎亡国。

燕国人虽然痛恨子之,可是现在他们更加痛恨齐国和中山国,他们开始反抗。各地原来投(tóu)降齐军的人,现在都一起去打齐军。

齐军只好从燕国退回齐国。这一次,齐国对燕国无恶不作,算是跟燕国人结下了深仇(chóu)。

赵国想灭掉中山国,不愿意燕国灭亡。赵武灵(líng)

仁义之师　rényì zhī shī　有爱心、正义的军队。
宗庙　zōngmiào　帝王拜祖先、祭祀祖先的地方。

齐国和燕国的故事

燕国动乱

王就把在韩国当人质的燕公子职请到赵国，立为燕王，并且派军队送他回燕国，这就是燕昭（zhāo）王。

燕昭王回到燕国都城，看到到处都是被烧掉的房子，老百姓都无家可归（guī）。王宫里的财物全都被抢走，宗庙也被烧毁了。他对齐国人的行为恨得咬牙切齿，非常气愤。

他一面派人修复宗庙，一面暗暗下决心：一定要报这个仇，以后一定要杀死齐王，一把火烧掉齐王的宗庙。

可是，燕国的国力跟齐国不能相比。经过这次动乱，燕国变得更加穷困，更加弱小了。燕国想要打败齐国，看起来根本不可能。

燕王招贤

齐国和燕国的故事

燕昭王没有失去信心,他知道他自己一个人不可能报仇,要使燕国强大起来,最重要的是人才。

他去问他的大臣郭(guō)隗(wěi):"齐国趁我们燕国内乱攻打我们,杀人放火,这个仇我忘不了。但是现在燕国国力太弱,还不能报这个仇。我应该怎么办呢?"

郭隗说:"能成就事业的帝(dì)王,都有很多有才能的人帮助他。您要亲自去拜访这些有才能的人。把他们当作老师,自己愿意居下位来为他们服务。这是招请人才的办法。"

燕昭王说:"您说的是。只要是有才能的人,我愿意为他们服务。可是我去请谁呢?您能不能向我推荐一些这样的人才呢?"

郭隗想了想,说:"我一时也想不出合适的人选来。我给您讲一个故事吧。

"古时候,有一个国君,最喜欢千里马。他派人到处去找,可是找了3年都没找到。有个大臣打听到,有一个地方有一匹名贵的千里马,就跟国君说,只要给他1000金,就一定能把千里马买回来。国君很高兴,就让他带了1000金去买马。

招贤 zhāoxián 请有才能、品德好的人来。
报仇 bào chóu 让伤害过自己的人,也受到伤害。
推荐 tuījiàn 这里指向别人介绍有才能的人。

燕王招贤

"没想到,那个大臣到那里的时候,那匹千里马已经病死了。

"怎么办呢?难道空着手回去吗?那样的话,国君一定会非常失望。最后他决定花500金,把这匹千里马的头买回去。

"当他把千里马的头献给国君的时候,国君很生气,说道:'我要你买的是活马,你把死马的头买回来有什么用?马头居然这么贵,花了500金。'

"那个大臣不慌不忙地说:'大王,您别生气。您想想,人们听说您肯花这么贵的价钱买死了的千里马头,还怕没有人把活马送来吗?'

"国君听了半信半疑,觉得好像有道理,就不再责备那个大臣。

"500金买千里马头的事很快就传开来了,大家都知道这位国君是真爱千里马。不到一年的时间,果然从四面八方送来了好几匹千里马。"

郭隗讲完这个故事后,说:"大王您一定要招请人才,就可以把我当作马头来试一试。像我这样的人都能被大王重用,那些才能超过我的人一定会到燕国来的。"

燕昭王听了,觉得很有道理。

于是,他派人造了一座很好的宫室,选了一个好日子，举行重大的仪式，把郭隗请到新宫室里去住。还拜郭隗为老师，自己每天都像学生那样，前去看望。亲自给郭隗端茶送饭，听他的教导。

燕昭王还大张旗鼓地在都城郊区沂（yí）水河边，建起一座高台，在台上堆放几千金，作为送给能人贤士们的礼物。这座台被称为"招贤台"，不过人们更愿意叫它"黄金台"。黄金台高高地立在那里，表明燕昭王真心诚意地等待天下的人才到来。

在中国历史上，大张旗鼓地招请人才，没有人能比得上燕昭王当年高筑（zhù）黄金台这件事了。

消息很快就传到了四面八方。各国有才能的人听到燕昭王这样真心实意地招请人才，就争先恐后地来到燕国。于是，燕国一下子就人才济济了。

邹衍（yǎn）当时已名闻天下。他在齐国时就很受尊重。后来游历魏国，魏王亲自到郊外去迎接他。他到赵国，平原君侧（cè）着身子走路来迎接他，并用衣袖替他擦去座上的灰尘，对他非常尊敬。

燕昭王迎接邹衍时，比魏王、赵王更加尊敬。他亲自拿着扫把，退着身子边走边扫地，在前面为邹衍打扫道路。入座时燕昭王主动坐在弟子座上，请邹衍

仪式 yíshì 做重要事情的程序、形式。
大张旗鼓 dàzhāng-qígǔ 敲锣打鼓拿着旗子，告诉大家要去做什么。

燕王招贤

以师长身份给自己讲课。燕昭王特意为邹衍修建了一座碣(jié)石宫,供他居住讲学。

燕昭王的这些做法,产生了很大的影响,来燕国的士人更多了。燕昭王大开国门,欢迎所有的人来。不但欢迎知名学者,而且把那些有志灭掉齐国、熟悉齐国情况、善于用兵打仗的士人,全都收留下来,并给他们很好的待遇。

这些人中最有才能的是赵国人乐(yuè)毅(yì)。乐毅是魏国名将乐羊的后代,他才学出众,深通兵法。

燕昭王拜乐毅为亚(yà)卿(qīng),亚卿相当于现在的副总理。

乐毅全心全意地帮燕昭王改革内政。一方面制定法律(lǜ),加强法制管理;另一方面清除腐败官员,任用能人,使各级官员都各尽其责。此外,还在全国鼓励生育(yù),增加人口。尽最大努力恢复经济,发展生产。

为尽快提高军队的战斗力,乐毅整顿军队,训(xùn)练兵马。

燕昭王自己常常深入到老百姓中去,跟老百姓同甘(gān)共苦,因此得到老百姓的拥护。

燕国果然一年年强大起来了。

腐败　fǔbài　思想行为不好的。

齐闵王

齐国和燕国的故事

当燕昭王花重金招请天下的人才，一心一意准备向齐国报仇的时候，齐国人在做什么呢？

齐宣王死了，太子当了齐王，他就是齐闵（mǐn）王。

这时候的齐国很强大，齐闵王觉得自己比祖父和父亲更强。他急于做出更伟大的事业来，所以就决定打仗。

齐闵王自以为是，听不进劝告，对内不顾老百姓的苦难，对外到处树立敌人。齐闵王在位的17年就是不断发动战争的17年。

他一上台就跟楚国打了一仗，派将军带领齐、魏、韩三国联军大破楚军，从此楚国不得不服从于齐国。

后来他又派人带领齐、魏、韩三国联军，向秦（qín）国发起进攻，攻到了秦国的边防要地——函（hán）谷（gǔ）关。秦昭襄（xiāng）王只好讲和，把黄河以东的土地送给这几国。

苏（sū）秦假装得罪了燕王，从燕国逃到了齐国，并得到齐闵王的重用。苏秦劝齐闵王攻打宋（sòng）国，为的是让齐国不再打燕国。

于是齐闵王就把军队转向了宋国。

宋国在哪里？

宋国在齐国的西南边，现在的河南商丘（qiū）一带。宋国是一个中等大小的诸侯国。这是一个好地方。齐闵王早就想消灭宋国。

得罪　dézuì　让人不快或怀恨。

齐闵王

不过,看中这个地方的不但有齐国,还有宋国南面的楚国、北面的魏国、西面的秦国。齐国想灭掉宋国,其他三国肯定不愿意。

那时候宋国的国君是宋康王。这个人身材比普通人高大得多,力气也很大。

他父亲死后,本来应该是他哥哥当国君,可是他赶走了他的哥哥,自己当了宋王。

城里有一个人向他报告说,他家附近的树上,一只小鸟生了一只大鸟。

宋康王不但相信这样的话,而且叫人占卜。占卜的人说:"小鸟生大鸟,预示着小国要变成大国,得到天下。"

这样的话,在旁人听来简直可笑。可是,宋康王听了很高兴,说:"宋国现在很弱,我一定要使它强大起来!"

于是他征集年轻人当兵,得兵员十万,亲自训练。然后向东攻打齐国,占领5座城。向南攻打楚国,扩地300里。向西攻打魏军,占领两座城。还把周围的小国都灭了,并入到宋国。宋国的领土一下子扩大了不少。

宋康王觉得宋国已经是强国了,天下没有人能跟自己相比。每次上朝他都让大臣们高呼万岁,让门口的卫兵也高呼万岁。

齐国和燕国的故事

他让人在一个皮口袋里面放牛血,挂在高高的旗杆(gān)上,他拿起弓箭一箭射去,射穿了皮口袋,牛血像雨一样从空中飞下来。然后他让人到集市上说:"宋王射天得胜。"

有一次,他出城去游玩,看到一个女子非常漂亮。他打听到这个女子姓息,她丈夫叫韩凭(píng)。他派人跟韩凭说,让他把妻子献给宋王。

韩凭不愿意,他就派人把息氏抢进了王宫。韩凭看到妻子被宋王抢走就自杀了。

宋康王对息氏说:"我是宋王,能让人富贵,也能杀人。你丈夫已经死了,你不如跟了我。我立你为王后。"

息氏非常气愤,跳楼自杀了。

大臣们见宋王这么坏,常有人劝他。宋王觉得这些人很烦,就把弓箭放在身边,说:"以后谁要是再来劝我,我就射死他。"

还真有人不怕死,他曾经一天射死了3个大臣。从此以后,再没有人敢劝他什么了。

这样,各国都知道,宋王是个无道的坏国君。

苏秦对齐闵王说:"现在这个无道的宋王射天神欺百姓,把各国国君的画像放在路边的厕所里,用石头敲击他们的鼻子。这样的人您如果不去打他,就有损您的名声了。而且宋国土地好,您攻取燕国的百里土

齐闵王

地，不如得到宋国的十里土地。这样既能得到好名声，又能得到好处的事，大王为什么不做呢？"

齐闵王觉得有道理。

公元前286年宋国发生内乱，齐国联合魏国和楚国，趁机攻打宋国。宋康王兵败，逃到了魏国，最后死于温地。齐、魏、楚三国一举消灭了宋国。

本来说好了，齐国跟魏国、楚国平分宋国的土地。可是齐闵王心里想："消灭宋国我们齐国出力最多，我为什么把土地分给你们？"

于是，在楚国军队回国的时候，齐闵王派军队悄悄地跟在后面，突然去打楚军，把楚军打得大败。然后他又北上把魏国军队赶出了宋国。

齐国一国独自得到了宋国。

齐闵王这么不讲信用，把楚国和魏国都气坏了。

齐国的领土扩大了很多。周围的小国都表示服从齐国。齐闵王因此更加骄傲，不讲道理。他对人说："我早晚要灭了周王室，我自己成为天子，谁敢反对我？"

这个时候，孟尝君田文是齐国的丞相，他劝齐闵王说："宋王因为骄傲，不讲道理，失去了民心，所以齐国才能灭掉宋国。希望大王不要像宋王那样。"

孟尝君已经看出来了，齐闵王实际上已经跟宋王一样，对内失去了民心，对外得罪了邻国，树立了很

齐闵王

多敌人。由于战争连年不断,齐国的人力、物力、财力几乎都用尽了,老百姓的日子已经很难过下去了。

可是齐闵王仍然自以为是,听不进别人的劝告。后来齐闵王免了孟尝君的丞相职位。

齐闵王身边没有了贤明的人,只有苏秦这样的间谍和一些拍马屁的大臣,因此他就变得更加坏了。

间谍 jiàndié 在敌人那里打听秘密,为自己一方送情报的人。
拍马屁 pāi mǎpì 为上级做事,说好话,讨好上级。

孟尝君

孟尝君的父亲叫田婴,是齐宣王的异母弟弟。在齐宣王的时候田婴是齐国的丞相。

田婴有 40 多个儿子。他的一个小妾生了个儿子叫文,田文是 5 月 5 日出生的。那时候的人认为 5 月 5 日出生的孩子不吉利。田婴告诉田文的母亲说:"不要养活他。"

可是田文的母亲还是偷偷地把他养活了。等田文长到 10 岁时,他的母亲通过他的兄弟把他带到田婴面前。田婴见了这个孩子,生气地对他母亲说:"我让你把这个孩子扔了,你竟敢把他养活了,这是为什么?"

田文的母亲还没回答,田文马上问道:"您不让养 5 月 5 日生的孩子,是为什么?"

田婴回答说:"5 月 5 日出生的孩子,长大了会长得跟门户一样高,会害父母的。"

田文说:"人的命运是由上天决定的呢,还是由门户决定的呢?"

田婴不知怎么回答好,说不出话来。

田文接着说:"如果是由上天决定的,您为什么要担心呢?如果是由门户决定的,那么只要加高门户就可以了,谁还能长到那么高呢!"

田婴没有话说了,就说道:"你不要说了!"

吉利　jílì　好的,顺利的。

孟尝君

过了几年，田文问他父亲："儿子的儿子叫什么？"

田婴答道："叫孙子。"

田文接着问："孙子的孙子叫什么？"

田婴答道："叫玄（xuán）孙。"

田文又问："玄孙的孙子叫什么？"

田婴说："这我就不知道了。"

田文说："您担任齐国丞相，掌大权，齐国的领土没有增加，而您自己的家里却有了万金的财富，您的门下也看不到一位贤能的人。

"我听说，将军的门庭必出将军，丞相的门庭必有丞相。现在您家里人好好的衣服就扔掉，而贤士们却穿不上粗布短衣；您的男女仆（pú）人都有肉吃，而贤士们却连饭也吃不饱。

"现在您还一个劲儿地在增加自己的财富，想留给那些连称呼都叫不上来的子孙，却忘记齐国在一天天失势。我私下里觉得很奇怪。"

田婴听了，觉得这个儿子说得有道理，很不简单，比他的兄弟们都强。从此以后，田婴改变了对田文的态度，开始器重他，让他管家里的事，接待门客。

田文的名声就这样传到各处。田婴于是立田文为世子。田婴去世后，田文继承了田婴的位子，被称为"孟尝君"。

齐国和燕国的故事

孟尝君在自己的领地薛（xuē）邑（yì），欢迎各国的门客到自己家里来，给他们吃的、住的和生活的费用。因此有各种各样的人都到他家去，这中间还有不少做了坏事而逃亡的人。

他家的门客有几千人，孟尝君对他们不分地位高低，而且不问他们是干什么的，都热情接待。他也不表现出对谁最好，对谁不好，全都给他们很好的待遇，吃的饭都跟自己一样。在当时战国四公子中，孟尝君的名气最大。

齐闵王的时候，孟尝君当上了齐国的丞相。

秦国的秦昭襄王听说孟尝君很贤能，就想见孟尝君，并且想让他当秦国的丞相。

孟尝君准备去秦国，很多人劝他不要去。大家都说秦国是虎狼之国，万一回不来怎么办？所以这一次孟尝君没有去秦国。

过了几年，齐闵王派孟尝君去秦国。秦昭襄王终于见到了孟尝君，就想让他担任秦国的丞相。

可是大臣中有人反对。他们对秦王说："他是齐国的王族，要是当秦国的丞相，以后做事情必定是先替齐国打算，然后才想到秦国，那样秦国可就危险了。"

于是秦昭襄王就不再想让孟尝君当丞相了，准备让他回齐国。

又有人对秦王说："像孟尝君这样有才能的人，如

孟尝君

果让他回到齐国，会对秦国很不利。而且他手下的人已经了解了秦国的很多秘密，大王不能让他回去，应该除掉他才对。"

秦王觉得有道理，于是他把孟尝君关起来，准备杀掉孟尝君。

孟尝君知道情况很危急，就派人带着礼物去见秦昭襄王最喜欢的妃子燕姬（jī），想让她帮忙逃出去。

可是燕姬不要礼物，她说："我看到孟尝君送给大王的白色狐（hú）狸（li）皮大衣非常漂亮，我希望让孟尝君送我一件这样的大衣。"

狐狸

孟尝君来秦国的时候，确实带了一件白色狐狸皮大衣。那大衣价值（zhí）千金，天下没有第二件。可是已经把它献给秦昭襄王了，现在他哪里还有呢？

怎么办呢？孟尝君很发愁。孟尝君来秦国的时候，带了很多门客，他问门客怎么办，可是他们谁也想不出办法来。

有一位能力很差，平时被人看不起的人，说："我能拿到那件白色狐狸皮大衣。"

当天夜里，他披着狗皮，化装成狗的样子，从狗

披　pī　放在肩背上。

洞钻（zuān）进了秦宫放财物的仓库，拿出了那件献给秦昭襄王的狐狸皮大衣。

孟尝君把大衣献给了秦昭襄王的妃子燕姬。

燕姬得到大衣以后，很高兴，在跟秦王一起喝酒的时候，说："我听说齐国的孟尝君是天下最贤明的人。现在秦国请他来，您不仅不用他，还要杀他。无故杀掉贤明的人，恐怕天下有才能的人都会害怕到秦国来了。"

秦昭襄王一想："对呀，是这个道理。"

于是，他就放了孟尝君，并且给他们发了通行证。

孟尝君知道秦昭襄王很可能反悔，所以必须抓紧时间逃走。于是他马上就带着人，乘马车逃走。他手下有一个门客善于做假证件，他把通行证改换了姓名以后，这一伙人就逃出了城。

秦昭襄王果然后悔放走了孟尝君。他派人去找孟尝君，才知道孟尝君已经逃走了。于是，他马上就派人驾上马车，飞跑着去追孟尝君。

半夜的时候，孟尝君一行人逃到了函谷关，出了函谷关就算安全了。可是这时候关门紧紧地关着。按照规定，早晨鸡叫的时候关门才会打开。

后面的追兵眼看就要到了，要是等到天亮鸡叫，说不定他早就被秦军抓回去了。孟尝君心里万分着急。

这时候门客中有一个人说，他会学鸡叫。这人因

孟尝君

齐国和燕国的故事

为没有什么才能,以前被人看不起,没想到他会学鸡叫。孟尝君就让他试一试。

果然他学得很像,他一学鸡叫,附近的鸡也跟着一起叫了起来。

那时候没有钟(zhōng)表,守关的士兵一听见鸡叫,真的以为天快要亮了,就起来打开关门。

孟尝君一行人立即出示了通行证,逃出了函谷关。

出关以后,大约过了一顿饭的工夫,秦国的追兵到了函谷关。不过,孟尝君他们已经远去,追不上了,士兵们只好回去。

当初,孟尝君把这两个人安排在门客中的时候,很多门客都感到很丢脸,自己竟然跟这样的人在一起,觉得脸上无光。

其实孟尝君并不懂得人才,后人笑孟尝君养士,说他养的哪里是什么贤士呢?只不过是一些鸡鸣狗盗(dào)的人。

可是这次孟尝君在秦国遇到危险,是这两个人救了他。没有他们,他也许就死了。

齐闵王在灭掉了宋国以后,更加骄傲起来,他不但免了孟尝君丞相的职务,而且打算除掉孟尝君。

孟尝君很害怕,就逃到了魏国。由于孟尝君名气很大,魏王就让他做了魏国的丞相。

上将乐毅

齐国和燕国的故事

孟尝君被赶走了，齐闵王越来越坏了，齐国老百姓都怨恨齐王，燕昭王却心里很高兴。

这时候燕国已经从战争中恢复过来了，燕国强大了，老百姓的生活好了，军队也训练好了。于是燕昭王把乐毅找来说："我当燕王28年了。这28年来，我每一天都在想着报仇的事。现在齐王已经失去了民心，我想用全国的兵，跟齐国人决一死战，你觉得怎么样？"

乐毅说："齐国地大人多，士兵们能征善战，光靠我们一国军队还不行，应该跟邻国联合起来。如果我们能说服赵国出兵，那么韩国也会出兵。孟尝君在魏国当丞相，他也会答应出兵。这样才能打败齐国。"

燕昭王觉得乐毅说得对，就派他去赵国。

乐毅到了赵国，赵王很快就答应出兵。正好秦国的使者也在赵国，乐毅就跟他说，打败齐国对秦国的好处。

秦国使者回国以后，向秦王报告了这件事。秦王正在担心齐国太强大，对秦国不利，一听燕国要联合各国去打齐国，心里很高兴，马上就答应出兵。

孟尝君虽然是齐国人，可是他痛恨齐闵王，所以也主张魏国出兵。

于是，燕、秦、赵、魏、韩五国的联军在公元前284年起兵去攻打齐国。

上将乐毅

燕国动用全国的兵力,任命乐毅为上将。秦国命白起为将,赵国命廉(lián)颇(pō)为将,魏国命晋(jìn)鄙(bǐ)为将,这些人都是各国最有名的将军,几十万大军杀向齐国。

齐国这么多年来一直在打仗,国力早就很弱了,士兵们失去了斗志,老百姓都痛恨战争。

可是齐闵王根本看不到这些,他心里想:"这些人以前都是我的手下败将,敢跟我打,谁怕谁呀!"

他调集全国军队,派大将触(chù)子前去抵抗。触子看到五国大军实力强大,就采取防守的办法,带领齐军在济水边驻(zhù)营。

齐闵王听说触子不敢进攻,心中大怒,命令触子赶快决战,他派人去跟触子说:"你如果不尽力作战,我就杀了你的全族!"

触子听了十分伤心,心里想:"自己在前方拼命是为了什么?这样的国君值得为他卖命吗?"最终他决定让齐军战败。

于是两军刚一交战,触子就敲锣收兵,齐军败退,士兵们纷纷逃命。五国联军乘胜追击。触子驾着一辆车逃走了,不知去了哪里。

这次大败,齐军失去了主力,这是齐国立国以来

敲锣 qiāo luó 古时打仗,敲鼓就是要求士兵前进,敲锣表示后退。

从未有过的大败。

五国按原先说好的，分多路进攻齐国。赵军北上攻取齐国的河间；秦军南下占领商业名城定陶（táo）；魏国进军齐国东南，取彭（péng）城。这几国都得到了好处。

乐毅主张燕国军队直接攻打齐国都城临淄（zī）。

可是燕国有的大臣反对这样做。他们认为齐国大，燕国小，燕军不宜举兵深入，一下子占领齐国都城太冒险。

但乐毅深知，齐军主力已经被消灭，剩下的士兵们心里害怕，无心打仗，必须抓住这个时机。如果让齐军有休息整顿的机会，就再也不可能取得全胜。燕昭王全力支持乐毅。乐毅带领燕军杀向齐国都城临淄。

齐军大败以后，一部分士兵逃回了都城临淄，齐闵王让另一位将领达子带领他们在都城外迎战燕军。

达子知道齐军士气低落，都不愿意打仗。如果不给奖赏，没有人会往前冲。为了激励士兵，达子向齐闵王请求赏金。

齐闵王大怒，说："你们这些没有用的东西，怎么能给你们金钱！打败仗我就杀了你们。"

结果齐军无心战斗，跟燕军一交战就败下阵来，达子战死。

乐毅带领燕军主力攻破了临淄城。

上将乐毅

齐闵王带着几十个大臣逃出了都城。

攻入齐都临淄后,乐毅把齐国王宫里800多年的财物一车又一车地运往燕国。这其中就有以前从燕国抢来的财宝,现在又回到了燕国。

乐毅攻克临淄以后,兵分五路,追击齐军,在短短半年的时间里,连续攻下齐国70多座城。

这一下,乐毅名声大震。

齐国除了即墨和莒(jǔ)州(zhōu)这两个地方以外,全国都被燕、赵、秦、魏、韩五国占领。

28年前齐国几乎灭掉了燕国,今天燕昭王终于报了仇,打败了具有万辆兵车的强大的齐国。齐国也几乎被燕国灭了。

燕昭王出了心中这么多年来的一口恶气,亲自到济水边劳军。他知道,这全都靠乐毅,要是没有他,弱小的燕国,怎么能灭了强大的齐国。于是乐毅被封为"昌(chāng)国君"。

乐毅在占领临淄后,要求燕军不要伤害百姓。为了让齐国民众安心,乐毅减少老百姓的税,恢复齐威王时代的一些合理法令,采取了很多好的办法,所以很多齐国人都不再反抗。

齐闵王逃出临淄以后,逃到了卫国。

名声大震 míngshēng dàzhèn 一下子变得非常有名了。

齐国和燕国的故事

上将乐毅

卫国是一个小国,一直要靠齐国保护。卫国国君听说齐闵王来了,亲自到郊外去迎接,安排他们吃饭休息,自己称臣,对齐闵王非常尊敬,还把最好的房子让出来给齐闵王居住。

齐闵王到这时候仍然非常傲慢,觉得自己了不起,把谁都没放在眼里,对卫国国君很不礼貌。

卫国的大臣们心中气愤:"齐国都快要灭亡了,你还牛什么牛?我们国君仍然好好对待你,那是给你面子。没想到你竟然这么不懂道理,我们凭什么为你服务呀!"他们就派人把齐闵王的行李全都抢走了。

齐闵王大怒,让人把卫国国君叫来,可是找来找去都找不到卫国国君,这一天就没有看见他,也没有人送饭来。

看起来情况不好。到了傍晚,齐闵王一天没吃饭了,虽然饿得不行,但是怕晚上卫国军队来杀自己,他还是连夜离开了卫国。因为怕人多引起别人注意,所以他只带了几个亲信悄悄地逃走了。

几天以后,他们来到了鲁国。鲁国也是一个小国,过去一直很害怕齐国。

鲁国国君派使者出来迎接。齐闵王手下的人又对鲁国使者很不客气。使者回去跟鲁国国君一说,鲁国国君大怒,关上城门不让他们进城。

齐闵王又来到邹国。邹国也是一个小国,过去齐

齐国和燕国的故事

闵王手下的这些人欺负惯了人家,这次还没进城就又想欺负人家,邹国人一生气也不让他们进城。

齐闵王没有地方可去。听说莒州还没有被燕国人占领,他们就去了莒州。

再说楚国,听说燕国大将乐毅带领五国军队把齐国军队打得大败,楚王觉得这是一个攻打齐国的好机会,不能让那五国分了齐国,自己一点好处也没得到。

于是,楚王让大将淖(nào)齿带领几万士兵,以救援齐国的名义,前往齐国,到了莒州。

齐闵王见到楚国救兵来了,很高兴,立即任命淖齿为丞相,准备让楚国人帮自己把燕军赶出去。谁知道楚国军队来,不是为了帮助齐国,而是想消灭齐国,然后占领齐国的地方。他们已经悄悄地跟燕军取得了联系。

淖齿集合军队,假意请齐闵王来看。齐闵王来了以后,淖齿把他抓了起来。

齐闵王被吊了起来。吊了3天,齐闵王终于断了气。

齐闵王死了,他死得非常惨(cǎn)。这个杀人无数、曾经不可一世的齐闵王,没想到自己会断送了齐国,更没想到自己会死得这么惨。

吊 diào 这里指把人捆起来,挂在树上。

燕昭王之死

齐国和燕国的故事

齐闵王逃到卫国的时候,有几十个大臣跟着他。他从卫国悄悄逃走的时候,只带了几个人,其他人都不知道他逃走了。第二天早上那些人找齐闵王,可是找来找去都找不到,不知道他去了哪里。

其中有一个少年叫王孙贾(jiǎ),他虽然只有15岁,可是他是齐国的大夫。本来他想跟着齐闵王,继续为齐国出力。没想到齐闵王不见了,他只好回家。

王孙贾的父亲已经死了,只有母亲在家里。母亲见了他很吃惊,说:"你怎么一个人回来了?大王呢?"

王孙贾说:"我们逃到卫国,半夜里大王悄悄逃走了,不知道他去了哪里。"

母亲很生气地说:"你是大王的臣子,大王不见了,你不去找他,回家来干什么?"

听了母亲的话,王孙贾觉得很惭愧,赶紧离开家去找齐闵王。一路打听,听说齐闵王到莒州去了,他也赶紧往莒州去。

他到莒州以后才知道,齐闵王已经被淖齿杀死了。

王孙贾非常气愤,脱掉左边的衣服,露(lù)出左肩。他在街市上大声喊道:"淖齿作为丞相,杀掉了大王。有谁愿意跟我一起去杀淖齿的,就跟我一样露出左肩来。"

惭愧 cánkuì 因为做错事,心里觉得很不安。

燕昭王之死

莒州的人虽然对齐闵王不满，可是他们对这个楚国人淖齿非常痛恨。街上的人一看，一个少年还这么讲义气，自己为什么不跟着他？很多人起来响应。他们一共聚集了400多人，拿着棍（gùn）子和刀，冲进淖齿的住所。

虽然淖齿带着几万人的军队，可是他的士兵都住在城外，城里他的住所只有100多个士兵。

淖齿正在家里喝酒，看女人跳舞。王孙贾带领400多人忽然冲了进去，见人就杀。淖齿一点准备都没有，就被愤怒的人们杀死了。

王孙贾命令人们关闭城门，组织人们守城。

楚国军队没有了主将，就都逃回了楚国。

淖齿在杀了齐闵王之后，曾经到处找齐闵王的儿子。如果找到了，他就要把齐闵王的儿子也处死。可是他没有找到。

王孙贾杀死淖齿后，也派人到处找齐闵王的儿子，他也没找到。

齐闵王的儿子没到莒州来吗？

其实，齐闵王的儿子田法章（zhāng）也逃到了莒州。可是他已经改名换姓叫王立了。他穿着穷人的衣服，在太史敫（jiǎo）家里打工，在花园里干活儿。没有人知道他是齐闵王的儿子。

太史敫有一个女儿，那一年15岁。有一天她到

燕昭王之死

花园里去,看见正在干活儿的王立,觉得这人很奇怪。他显然从来没有干过花园里的活儿,一点都不会干。走近了一看,她更加吃惊:这个人白白净净,像一个公子哥儿,哪里像一个干活儿的人?

她就派人去问他的来历,可是王立不肯说。

太史的女儿心想,这一定是一个落难的公子。因此让人好好对他,常常派人给他送吃的东西、衣服等。

时间久了,两个人亲近起来。田法章才向太史女儿说出了自己的真实身份。于是,两个人私定了终身。

王孙贾和齐国的一些大臣,仍然在到处找齐闵王的儿子,要立齐闵王的儿子为齐王。他们心里很着急,没有王怎么行?齐国只要有王,就还有复国的希望。

过了一年多时间,田法章见他们很真诚,才公开了自己的身份。

于是大臣们立田法章为新的齐王,他就是齐襄王。太史女儿成了王后,她就是君王后。

莒州马上把这个消息通知了坚守在即墨的齐国人,让全齐国人民团结起来,恢复齐国。

再说乐毅。他6个月时间就攻下了齐国的大部分地方,燕国前所未有的强大起来了。可是莒州和即墨

私定终身　sīdìng zhōngshēn　两人相爱,没有通过父母,自己决定以后要结婚。

齐国和燕国的故事

这两个地方他围了5年,根本就没有去进攻。相反,他命令士兵退军9里,并对他们说,城里的人出来打柴,种地,不要去抓他们。

乐毅为什么这么做?

他认为不能单靠武力,如果用武力攻破即墨城,杀死很多人,一定会引起齐国人的仇恨,民心不服,即使占领了齐国全部的土地,也没办法长久。

所以他对莒州、即墨围而不攻。他要求燕军尊重当地老百姓的习惯,保护齐国的文化,优待齐国的地方名人,想从根本上征服齐国。

乐毅认为用杀人的方法,是不可能征服齐国人的。不如慢慢来,感化齐国人。

可是他没想到的是,在这5年中,情况发生了变化。

公元前279年,燕昭王死了。太子即位,他就是燕惠(huì)王。这对乐毅是一个非常坏的消息。

燕昭王看到过国破家亡是什么样子,他心里念念不忘的是向齐国报仇。他广招人才,信任他们,给他们很高的地位。所以乐毅才能够放开手脚做事,发挥自己的才能。

现在燕昭王死了,他的儿子燕惠王还能像燕昭王

征服　zhēngfú　使被侵占地的人民服从,不再反抗。

燕昭王之死

那样信任他吗?

燕惠王并没有他父亲那样的经历,因此也就没有他父亲那样的想法。他并不知道乐毅这样的人才,对燕国有多么重要。

他在富贵的环(huán)境中长大,他身边也有一些他信任的人。那都是一些有钱人家的子弟,虽然能说会道,但是干不了大事。这些人围着他,讨好他。他很看重这些人,觉得他们都是人才。实际上他根本不知道,什么样的人是人才。

在燕惠王还是太子的时候,他就对乐毅有看法,他心里想:"既然你能在6个月时间里就打下齐国的大部分地方,即墨和莒州两座城,为什么围了5年不打?你想干什么?"

他跟身边的人说起这件事,他的一位亲信骑劫(jié)说道:"齐王已死,攻下即墨和莒州有什么难?乐毅5年围而不攻,是要自己当齐王。"

这骑劫是什么人?

他是燕国的大夫,有勇力,喜欢谈兵法,觉得自己的军事才能在乐毅之上。可是燕昭王不信任他,于是他就去亲近太子,太子果然很喜欢他。这次他这么说,是希望自己能够去代替乐毅。

太子觉得骑劫的话有道理,就去找父亲,把自己的想法说了出来,劝父亲赶紧派人去换乐毅。

燕昭王听了非常生气。他教训儿子说:"要是没有乐毅,我们先王的仇报得了吗?即使他真当齐王,以他的功劳难道不应该吗?"

儿子这么糊涂,燕昭王越想越生气,下令打太子20鞭(biān)。

太子被父亲骂了一顿,还被打了20鞭,他嘴上不再说什么,可是心里很不服,觉得自己没有错,他相信那个乐毅迟早会对燕国不利。

燕昭王一面叫人打太子,一面派使者到齐国去,宣布乐毅为齐王。

乐毅非常感激燕昭王对自己的信任,可是他拒绝当齐王。他说,他不能当这个齐王,他也从来没有想过自己要当齐王。

燕昭王也很感动,说:"我知道乐毅是一个正直的人,不是野心家,他决不会做对不起我的事。"

现在燕昭王死了,燕惠王会怎么做呢?

宣布　xuānbù　正式地对大家说。

乐毅赴赵

齐国和燕国的故事

燕惠王真的想派骑劫去接替乐毅。可是他还有些犹豫,父亲刚死,要不要这么着急地把乐毅换下来呢?

乐毅带着燕军主力在即墨附近,即墨的情况怎么样?

即墨城里的守将名叫田单。

田单是齐国王族,这个人有才能,懂兵法,可是齐闵王不用他。所以,田单在临淄的时候只是一个管理市场的小官。

燕国人进攻临淄,齐闵王逃走了,临淄的老百姓也纷纷出城逃难。田单跟自己的族人一起,乘车逃到了安平。

在逃难路上,田单发现马车走不快,原因是马车的轴(zhóu)伸到外面的部分太长。

如果在平时,路上没什么人,这没有问题。可是现在路上挤满了逃难的人和

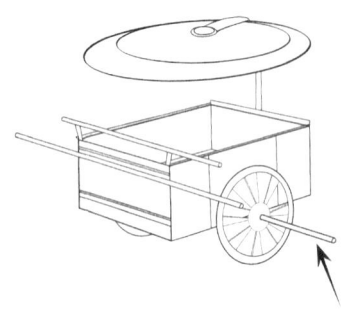

马车

车,车轴常常会碰到人或者别的车,没法走得快。

于是,在安平的时候,田单让自己的族人,把所有马车车轴伸到外面的部分都锯(jù)短,并且用铁皮

赴　fù　到(某个地方)去。
犹豫　yóuyù　拿不定主意。

乐毅赴赵

包起来，使它更坚固（gù）。不过，这跟当时的习惯不一样，所以很多人笑他傻。

不久，燕军来进攻安平，逃到安平的人们又开始逃难，往南去的路上挤满了人和车。别人的车因为车轴伸得太长，不断互相碰撞，不但走不快，一着急连车都翻了。只有田单和他族人的车很快就跑掉了，跑到了即墨。从此，人们就对田单另眼相看了。

后来，即墨的守将病死了。大敌当前，军中不能无主将，得赶快找一个懂军事的人来当守将。人们就想起了田单，觉得他有才能，又是王族，就推举他当了即墨城的守将。

田单确实有军事才能，而且很尽力。他亲自跟士兵们一起加固城墙，并且把自己家里人和族人全都编进军队，让他们一起守卫即墨，因此得到大家的拥护。

田单还马上派一些人到燕国去，了解燕国的情况。他知道两国打仗，情报非常重要。

因此，他知道燕昭王的太子想用骑劫替代乐毅而被打了20鞭的事。

他说："看起来，齐国要复国，得等到燕太子当燕王的时候了。"

现在乐毅带领着燕军，田单很发愁。他知道乐毅的军事才能，齐国现在只有这么一点兵，想要打败乐毅，真的是一点可能都没有。

齐国和燕国的故事

乐毅赴赵

田单知道，骑劫眼高手低，志气大，但是没有才能。要是骑劫接替了乐毅，他的机会就来了。所以，他耐心地等待机会。

现在燕昭王死了，机会终于来了。

田单马上派人到燕都去，在那里造谣说："先王相信乐毅，所以乐毅不会背叛。他对即墨围而不攻，是在等待机会。现在新王即位了，他恐怕很快就要当齐王了。"

谣言很快就传到燕惠王的耳朵里。他本来就觉得乐毅可能背叛燕国，这时候就越想越对乐毅不放心。

他终于下决心，命令骑劫去接替乐毅，让乐毅回燕国。

乐毅知道燕惠王不信任自己，他让自己回去，那就是说明他听信谣言，想加罪于自己。所以，回到燕都无论自己说什么，燕惠王都不会相信。如果再有人说自己的坏话，那就一定会被杀。自己为什么要回到燕国去，糊里糊涂地被杀死呢？

乐毅并不是一个只知道忠（zhōng）君的人。他知道，燕惠王这样的国君不值得自己为他效（xiào）力，那么就没必要再回到燕国去。

~~~~~~~~~~~~~~~~~~~~~~~~~~~~~~~~~~~~~~

耐心 nàixīn 不着急。
造谣 zào yáo 对别人说一些假的消息，让别人相信。
背叛 bèipàn 离开原来的一方，变成敌人。

也许有人会觉得很可惜：他已经取得了这么大的胜利，为什么不坚持一下，把这一件事做到底呢？

乐毅觉得，虽然事情没有做完很可惜，可是实际上自己要做的事已经结束了。

虽然他的家人都还在燕国，可是他去了赵国。

赵国的赵惠文王没想到乐毅会到赵国来，心中大喜。像乐毅这样的人才，赵国就是请也请不来。于是赵惠文王很热情地接待了乐毅，并把望观津（jīn）这个地方封给他，称他为"望诸君"。

火牛阵

骑劫是个无能的家伙，说话口气很大，其实并没有什么军事才能。但是他一向自以为是，一到军营，就改变乐毅的很多规定。

他根本不把士兵们放在眼里，对他们很不好，不讲理。

到军营才3天，他就让士兵们日夜攻城。即墨人守城守了5年，城墙很坚固，守城也很有经验。而燕军攻城一点办法也没有，乱糟糟的，伤亡很大。

骑劫一个劲儿地骂将士们无能，可是他自己却拿不出办法来。

用骑劫这样的人替代乐毅为将，燕国的士兵非常不满意，军心开始动摇。

田单很高兴，乐毅终于走了，骑劫来了，齐国复国的机会到了。

可是就这样马上冲出去跟燕军打，肯定不行。即墨城里总共没有多少人，齐军的士兵比燕军少得多。田单知道齐国人对战胜燕军的信心不足。他必须让大家鼓起勇气来，树立起必胜的信念。

怎么办呢？

有一天早晨，他跟人们说："昨天晚上我梦见天帝告诉我，齐国要复兴了，燕国要败了。这几天就有神人来为我当军师，战无不胜。"

大家听了虽然受到鼓舞，可是仍然不是很相信，

火牛阵

真有神人来当军师吗?

实际上当然没有神人来,不过田单早就想好了,他可以造一个神人,让大家都相信。

田单在城墙上一边走,一边跟士兵们讲自己梦见天帝的事。有一个士兵跟他开玩笑,悄悄地说:"我像那个神人吗?"

田单立刻抓住他的手,对大家说:"我夜里梦见的神人就是他!"

他拉着这个小兵去将军府,给他换了衣服,让他坐在上位,自己拜他为师。

那小兵本来是开玩笑,想不到田单当真了。他只好跟田单说实话:"我不是什么神人,我只不过是一个小兵。"

田单说:"我知道,是我请你当神人。你不要对别人说。"

于是田单叫他神师,什么事情都去问他。

接着田单让士兵们对城里的人说:"神师有令,每次吃饭以前,都必须先在院子里拜祖先,这样祖先会帮助我们。"

拜祖先

城里的人都相信了,家家吃饭以前都先在院子里拜祖先。

齐国和燕国的故事

城里城外的飞鸟,看到家家院子里都有很多食物,全都飞了过来。所以,即墨城上空每天都有很多鸟飞来飞去。

燕军远远地看见了,觉得奇怪。一打听才知道,有神师帮助即墨人,神师是天帝派来的。那时候的人很相信这样的事,士兵们心想:"怎么能跟天帝为敌呢?跟神师打仗那是违(wéi)背天意的。"于是燕军士兵们都没有斗志了。

田单又派人到燕军营地里说:"即墨人祖先的坟墓都在城外,他们最害怕的是燕军破坏祖先的墓地。"

士兵们把这个情况告诉了骑劫。骑劫心想:"好啊,终于知道你们最害怕的是什么了。"

于是他下令,破坏即墨人祖先的坟墓。

即墨人在城头看到祖先的坟墓被破坏,个个都恨得咬牙切齿,恨不得吃燕国人的肉。士兵们纷纷到将军府找田单,要求出城报仇。

田单知道,齐军的士气已经很高了,于是就选出5000名强壮(zhuàng)的士兵,藏起来加以训练。其他的男人和妇女老弱轮流守城。

这样就可以出城决战了吗?

还是不行。5000人对燕军10万人,简直是鸡蛋碰

坟墓　fénmù　人死了以后埋在地下,上面常堆一些土,就是坟墓。

火牛阵

石头。

田单派使者出城,对骑劫说:"城里粮食快吃完了,我们准备投降。"

骑劫高兴极了,对左右的人说:"我跟乐毅谁更强?"

左右的人拍马屁说:"您比他强十倍。"

骑劫哈哈大笑起来,笑得很开心。

田单又让城里富有的人家拿出金子来,让他们派代表到城外燕军军营里,跟燕国的将军们说,投降以后希望保证家里老小的安全。

燕国的将军都很高兴,收下金子,答应了他们的请求,并且给他们每家一面小旗子,让他们插在门上。

燕军营地里上上下下都放下心来,等着即墨人投降。

田单真要投降了吗?

当然不是。几天前他就征集了1000多头牛,他让人给牛穿上衣服,然后在衣服上画五色花样。那牛远远看起来非常奇怪,不像牛,也不像什么别的动物。

牛的两只角上都绑(bǎng)上很快的刀子。牛尾(wěi)巴(ba)上绑上树枝(zhī),好像很大很大的扫(sào)帚(zhou)一样。

火牛

他要做什么?很多人不明白。

齐国和燕国的故事

齐国人说要投降的前一天晚上，他把一切都安排好了，让那5000名士兵吃得饱饱的，脸上涂上五彩颜色，拿着刀跟在牛群后面。

趁着夜色，牛群悄悄地被赶到城墙外，他命令士兵在牛尾巴绑着的树枝上浇（jiāo）上油，点起火来。着火了，牛群惊恐万分，拼命地向前跑起来，不一会儿就冲进了燕军的营地。

燕军将士从骑劫到小兵，都以为即墨人真的要投降了，所以完全没有准备，大家放心地睡觉，一个个都睡得死死的。

突然，一群牛冲了进去，营房里立刻着起火来。从梦中惊醒的士兵们，慌慌张张地跑出来看，营房里已经到处着火，借着火光可以看见一群奇怪可怕的动物冲了进来，所到之处燕国士兵死的死，伤的伤。

那是什么东西？这么厉害！

一定是天帝派来帮助齐国人的。

怎么能跟天帝派来的神对抗呢？燕国士兵连抵抗都没有抵抗，就全都往外逃跑。

齐军士兵大声喊着，冲过来，挥着刀砍杀。虽然他们只有5000人，但这时候他们的气势超过了5万人。他们个个脸上画得像鬼一样，好像天兵天将下来了，燕军士兵吓得腿都软了，个个只顾逃命。在慌乱中死了很多人。

火牛阵

齐国和燕国的故事

骑劫看到已经没有办法了,赶紧跳上一辆车,一个人逃命。正好遇到田单。田单一戟(jǐ)就刺死了骑劫。

燕军大败。

天亮了,田单整顿队伍,乘势追击。

大将骑劫已经死了,燕军没有人指挥,失去了抵抗能力。齐军所到之处,攻无不克。

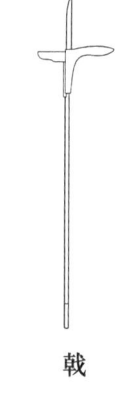

戟

原来那些被燕国人占领的地方,齐国人看到齐军反攻了,都纷纷拿起武器来,加入田单的队伍。齐军越来越多,没几天工夫,就有好几万人了。

燕军的士兵们没命地往北跑,北面是他们的老家燕国。

田单带着齐军,紧紧追赶。

跑了十几天时间,没死的燕军士兵终于跑回了燕国,他们已经没有一点军队的样子了。

田单一直追到燕国跟齐国的边界。被燕军攻下的70座城,一下子全都收回来了。

齐国人欢呼,齐国终于复国了。他们要让田单当齐王。

田单说:"我怎么敢自立为王?我们已经有新齐王了,在莒州。"于是他带着人到莒州去迎接齐襄王。

齐襄王跟所有的齐国人一样,没想到齐国能这么

火牛阵

快打败燕国人,他很激动,任命田单为丞相。

齐国虽然复国了,可是以后齐国再也没有强大起来。过了50多年,到公元前221年,秦国统一中国时,齐国不战投降,齐国真的灭亡了。

再说燕国。

骑劫兵败死了,燕军逃回燕国,多年前攻下的齐国70座城十几天时间里就全都丢掉了,情况一下子对燕国非常不利。

燕惠王后悔极了,像吃了一只苍(cāng)蝇(ying),心里有一种说不出来的难受。

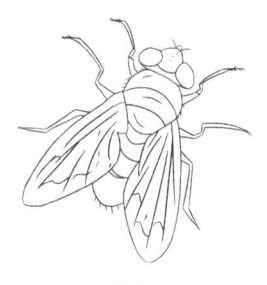

苍蝇

这个结果是他自己造成的,他不应该怀疑乐毅,更不应该相信骑劫这样的人。可是,后悔已经晚了。

他开始怨恨乐毅:"为什么你不回燕国来,而跑到赵国去呢?"他派人到赵国去向乐毅道歉,但同时也指责乐毅。

乐毅没有回燕国去。他给燕惠王写了一封信,这就是有名的《报燕惠王书》。

怀疑 huáiyí 不相信,不信任。
道歉 dào qiàn 说对不起。
指责 zhǐzé 以为别人错了,很生气地说别人的不对。

齐国和燕国的故事

乐毅在信中驳斥了燕惠王对自己的种种指责,表明自己不为昏主效忠,以及出走到赵国的原因。

历史的这一页翻过去了,不可能重来。乐毅老了,最后他死在赵国。

公元前222年燕国被秦国消灭。(见本丛书《荆轲刺秦王的故事》)

驳斥　bóchì　反对别人的错误意见,说出道理。

生词表

	B	
百家争鸣	bǎijiā--zhēngmíng	19
报仇	bào chóu	30
背叛	bèipàn	71
驳斥	bóchì	82
	C	
惭愧	cánkuì	60
仓库	cāngkù	7
	D	
打猎	dǎ liè	3
大张旗鼓	dàzhāng--qígǔ	32
道歉	dào qiàn	81
得罪	dézuì	36
抵抗	dǐkàng	14
吊	diào	58
	F	
妃子	fēizi	17
坟墓	fénmù	76
腐败	fǔbài	34

赴	fù	68
	H	
怀疑	huáiyí	81
贿赂	huìlù	12
	J	
吉利	jílì	44
间谍	jiàndié	41
奖赏	jiǎngshǎng	17
	M	
蒙蔽	méngbì	14
免职	miǎn zhí	23
名声大震	míngshēng dàzhèn	55
末年	mònián	2
	N	
耐心	nàixīn	71
	P	
拍马屁	pāi mǎpì	41
批评	pīpíng	12
披	pī	47

偏僻	piānpì	3

Q

敲锣	qiāo luó	53
权	quán	6

R

仁义之师	rényì zhī shī	25

S

圣人	shèngrén	5
衰落	shuāiluò	18
税	shuì	7
私定终身	sīdìng zhōngshēn	63

T

田氏	Tián shì	2
推荐	tuījiàn	30

X

贤人	xiánrén	23
享乐	xiǎnglè	22
兴盛	xīngshèng	5
宣布	xuānbù	66

Y

仪式	yíshì	32
拥护	yōnghù	8
犹豫	yóuyù	68

Z

糟糕	zāogāo	2
造谣	zào yáo	71
占卜	zhānbǔ	3
招贤	zhāoxián	30
征服	zhēngfú	64
指责	zhǐzé	81
庄稼	zhuāngjia	13
宗庙	zōngmiào	25

附录：第三级1200字表

A
阿 啊 挨 矮 爱 安 岸 按 暗 傲

B
八 吧 拔 把 爸 白 百 摆 败 拜 班 般 搬
板 办 半 帮 傍 包 宝 饱 保 报 抱 杯 北
备 背 编 倍 被 本 笨 逼 鼻 比 笔 必 闭 避
边 补 不 便 布 变 步 遍 部 表 别 冰 兵 饼 并 病 脖

C
擦 猜 才 材 采 彩 踩 菜 参 餐 藏 草 厕
层 插 查 茶 差 拆 柴 产 长 尝 常 场 唱
抄 超 朝 吵 车 尘 沉 晨 称 趁 成 承 诚
城 乘 程 吃 池 迟 持 尺 齿 冲 虫 床 愁 丑
臭 出 初 次 除 楚 处 穿 传 船 窗 错 吹 春
词 此 刺 从 聪 粗 催 村

D
达 答 打 大 呆 代 带 待 袋 戴 担 单 胆

但	弹	淡	蛋	当	挡	刀	导	岛	倒	到	道	得
德	的	灯	等	低	敌	底	地	弟	递	第	点	店
钓	调	掉	跌	顶	订	定	丢	东	冬	懂	动	冻
洞	都	斗	抖	读	独	堵	肚	度	渡	端	短	段
断	堆	队	对	蹲	顿	多	夺	朵	躲			

E
鹅	恶	饿	儿	而	耳	二

F
发	法	翻	烦	反	犯	饭	方	防	房	访	放	飞
非	费	分	纷	粉	份	奋	愤	风	封	夫	扶	服
福	府	父	付	妇	负	附	复	副	富			

G
该	改	盖	概	干	赶	敢	感	刚	钢	高	搞	告
哥	割	歌	隔	个	各	给	根	跟	更	工	弓	公
功	攻	供	宫	共	沟	狗	购	够	估	姑	古	骨
鼓	故	顾	刮	挂	怪	关	观	过	官	管	光	广
规	鬼	贵	跪	滚	国	果						

H
孩	海	害	寒	喊	汉	汗	好	号	喝	合	何	和
河	盒	贺	黑	很	恨	红	后	候	乎	呼	忽	胡

欢 坏 话 画 划 化 花 护 户 互 虎 糊 湖
婚 昏 会 悔 回 挥 恢 灰 黄 慌 荒 换 还
         或 货   伙 火 活 混

J

急 极 即 级 及 激 绩 积 迹 鸡 机 圾 击
继 济 既 季 际 技 纪 记 计 己 加 集
肩 间 坚 教 尖 嫁 假 架 驾 价 家 减 寄
将 江 箭 渐 健 件 见 简 检 剪 奖 捡
街 接 金 较 叫 脚 角 骄 郊 交 降 结 讲
紧 仅 景 精 斤 今 借 界 介 解 姐 地 劲 节
竟 净 居 救 睛 惊 经 京 禁 近 境 尽
句 举 就 旧 酒 九 静 具 敬
     军 觉 绝 决 镜 据 拒

K

卡 开 砍 看 康 扛 抗 考 烤 靠 科 棵 颗
可 渴 克 刻 客 课 肯 空 恐 口 哭 苦 块
快 筷 宽 况 捆 困 扩

L

垃 拉 啦 来 拦 蓝 篮 懒 烂 郎 狼 棵 老
乐 泪 类 累 冷 离 礼 里 理 力 历 厉 立

粮 龄 论
凉 零 轮
良 临 乱
练 林 绿
脸 邻 旅
联 料 路
怜 了 楼 六
连 聊 留
俩 量
例 辆 流 另
利 谅
励 亮 令
丽 两 领 落

M

冒 秘
米
毛
忙 迷 目
慢 梦 木
满 们 母
卖 妹 命
摸
买 美 明
埋 每 名
吗 没 民
骂 么 灭
马 貌 面
麻
妈 帽 密

N

泥 暖
能 女
呢 怒
闹 努
脑 弄
难 农
南 牛
男 您
奶 鸟
那 内 念
哪 年
拿 你

P

碰 拼
朋 票
盆 飘
陪
跑 骗 扑 普
胖 篇 破
旁 偏
兵 片 婆
派 匹 坡
排 脾 瓶
拍 疲 平
怕 皮 乒
爬 批 品

Q

弃 悄 庆 群
气 抢 请 确
起 墙 晴 却
旗 强 情 缺
骑 枪 清 劝
奇 欠 轻 全
其 浅 青 去
齐 钱 侵 取
欺 前 亲 区
期 牵 且 球
咸 千 切 求
妻 器 桥 秋
七 汽 敲 穷

R

然 嚷 让 扰 绕 热 人 忍 认 任 扔 仍 日
容 肉 如 入 软 弱

S

撒 赛 三 伞 散 扫 嫂 色 杀 沙 傻 晒 山
闪 善 伤 商 上 烧 稍 少 绍 蛇 舍 设 社
射 伸 身 深 神 升 生 声 胜 绳 省 剩 失
师 湿 十 什 石 时 识 实 拾 食 史 使 始
士 世 市 示 式 事 势 视 试 室 是 适 收
手 守 首 受 瘦 书 叔 舒 输 私 熟 术 束 树
数 摔 双 谁 水 睡 顺 说 岁 碎 思 撕 死 四
送 诉 速 酸 算 虽 随   损 所 锁

T

他 它 台 抬 太 态 谈 汤 堂 糖 躺 趟 逃
讨 套 特 疼 梯 踢 提 题 体 替 天 田 甜
挑 条 跳 贴 铁 厅 听 庭 停 挺 通 同 铜
童 统 桶 痛 偷 头 透 突 图 涂 途 土 团
推 腿 退 拖 脱

W

挖 外 弯 完 玩 晚 碗 万 王 往 忘 望 危

W

为 围 伟 卫 未 位 味 胃 喂 温 文 闻 问
我 握 屋 无 五 午 伍 武 舞 务 物 误 雾

X

西 吸 希 悉 习 惜 洗 喜 系 细 下 吓 香
夏 先 鲜 显 县 险 现 线 献 乡 相 写 谢
箱 响 想 像 小 消 校 笑 些 鞋 写 性 兄
心 辛 新 兴 行 星 形 醒 姓 幸 学 雪 血
胸 休 修 秀 须 袖 许 续 选

Y

压 呀 牙 严 言 颜 眼 演 宴 验 扬 羊
阳 养 样 摇 咬 药 要 爷 也 野 业 叶
页 夜 一 医 宜 移 疑 已 以 椅 义 异
易 意 因 姻 音 银 引 应 英 迎 营 赢
影 硬 永 用 优 由 油 游 友 有 又 右
于 鱼 雨 玉 预 遇 元 员 园 原 圆 援
远 怨 院 愿 月 越 云 运 晕

Z

杂 砸 灾 再 在 暂 赞 脏 糟 早 澡 造 责
怎 曾 增 摘 展 占 战 站 掌 丈 找 照 者
这 真 阵 争 征 睁 整 正 证 之 支 知 织

直	职	止	只	纸	指	志	治	中	终	种	众	重
周	猪	主	住	助	注	祝	抓	专	转	装	撞	追
准	捉	桌	着	子	字	昨	自	走	租	足	族	组
祖	嘴	最	醉	尊			左	作	坐	座	做	